COLLECTION INCISES

dirigée par Agnès Rauby

Le Recours aux forêts

DU MÊME AUTEUR

Aux Éditions Galilée

CÉLÉBRATION DU GÉNIE COLÉRIQUE. *Tombeau de Pierre Bourdieu*, 2002.

SPLENDEUR DE LA CATASTROPHE. *La peinture de Vladimir Veličkovič*, 2002.

LES ICÔNES PAÏENNES. *Variations sur Ernest Pignon-Ernest*, 2003.

LA PHILOSOPHIE FÉROCE. *Exercices anarchistes*, 2004.

ÉPIPHANIES DE LA SÉPARATION. *La peinture de Gilles Aillaud*, 2004.

LA COMMUNAUTÉ PHILOSOPHIQUE. *Manifeste pour l'Université populaire*, 2004.

SUITE À LA COMMUNAUTÉ PHILOSOPHIQUE. *Une machine à porter la voix*, 2006.

TRACES DE FEUX FURIEUX. *La Philosophie féroce II*, 2006.

FIXER DES VERTIGES. *Les photographies de Willy Ronis*, 2007.

LA PENSÉE DE MIDI. *Archéologie d'une gauche libertaire*, 2007.

L'INNOCENCE DU DEVENIR. *La vie de Frédéric Nietzsche*, 2008.

LE SONGE D'EICHMANN. *Un kantien chez les nazis*, 2008.

LE CHIFFRE DE LA PEINTURE. *L'œuvre de Valerio Adami*, 2008.

LES BÛCHERS DE BÉNARÈS. *Cosmos, Éros et Thanatos*, 2008.

LA VITESSE DES SIMULACRES. *Les sculptures de Pollès*, 2008.

LA RELIGION DU POIGNARD. *Éloge de Charlotte Corday*, 2009.

L'APICULTEUR ET LES INDIENS. *La peinture de Gérard Garouste*, 2009.

LE RECOURS AUX FORÊTS. *La tentation de Démocrite*, 2009.

PHILOSOPHER COMME UN CHIEN. *La philosophie féroce III*, 2010.

Michel Onfray

Le Recours aux forêts

La tentation de Démocrite

Galilée

ISBN 978-2-7186-0800-6 ISSN 1242-8434

www.editions-galilee.fr

« Contente-toi du monde qui t'est donné », tel est le canon éthique qu'a produit le matérialisme.

F. Nietzsche, *Sur Démocrite*.

1

Permanence de l'apocalypse

La mort sent une odeur fade,
Je sens cette odeur fade :
C'est l'heure du recours aux forêts…

J'ai vécu assez pour en savoir assez.
Aux deux tiers de sa vie si l'on ne sait pas
ce que contient le dernier tiers
C'est qu'on n'a rien appris,
Donc qu'on n'apprendra jamais,
Donc qu'on n'apprendra plus.

Je sais les hommes,
Assez même pour pouvoir dire : j'en sais
assez pour haïr les hommes.
Mais je ne parviens pas à haïr.
Trop d'énergie perdue,
Trop d'énergie gâchée.
Pas assez de haine au ventre,
Pas de haine du tout, même.

Je pourrais pleurer comme Héraclite,
Mais je veux réserver les larmes pour ce qui le mérite.
La folie des hommes ne mérite pas qu'on pleure.
La mort de ceux qu'on aime, voilà les seules justifications des larmes.

Je veux bien plutôt rire comme Démocrite de la folie des hommes
Comme lui, rire
Comme lui, vivre au fond d'une cabane dans un jardin
Tourner le dos aux hommes,
Sans amertume,
Sans fâcherie,
Sans colère,
Sans haine, bien sûr,
Sans acrimonie,
Sans bile noire.
Je veux simplement en finir avec le commerce de la folie
De la sottise
De la bêtise
De la noirceur des hommes

De leur méchanceté.

Je veux passer le restant de mes jours en
ma compagnie.
La compagnie des hommes distrait de la
seule vraie compagnie :
Celle de soi…

1

J'ai vu le monde
Sous toutes les latitudes.
C'est une même folie :
Passions de guerre
Et charniers d'épidémies
Brasiers d'incendies
Vols, meurtres et massacres.
Rouge ou séché : du sang partout
Depuis toujours,
Des épées, des lames, du poison, des couteaux affilés, des dagues
Des cordes pour les potences
Du chanvre pour tous les liens de toutes les cordes
Des clous pour supplicier.

Avant-hier,
Des crucifiés sur une voie romaine
Des dépecés de la Saint-Barthélemy
Des couteaux chrétiens pour égorger des cous chrétiens.

Hier,
Des gazés dans des usines à mort polonaises
Des décapités dans les forêts africaines
Des carotides tranchées pour le marxisme
Des fours crématoires pour le nazisme
Des famines pour le communisme
Des viols et des garrots pour le fascisme.

Aujourd'hui,
Des pendus et des lapidés pour le Coran
Des balles ajustées dans la tête pour le Talmud
On n'écorche plus pour la Bible
Parce qu'on n'en a plus les moyens
Sinon, on écorcherait ce jour comme on a écorché mille ans…

La bête tue pour manger
Repue, elle ne tue plus

Les hommes ne sont jamais repus
Ils tuent sans relâche
Ils inventent des machines à tuer
Ils raffinent.
Le chien vaut mieux que l'homme…
Diogène avait raison.

Les comètes passent
Les astres tournent
Le cosmos tremble
Les planètes dansent
Mais c'est toujours un même long et interminable cri.
Les solstices et les équinoxes se remplacent
Mais nul repos, nul répit pour la mort que les hommes infligent aux hommes.
L'univers baigne dans le sang.
L'éternel retour des hommes
C'est l'éternel retour du mal…

2

J'ai vu les puissants
Sans jamais manger à leur table.
Ici les riches se gobergent
Là les pauvres meurent de faim
Ici les palais, là les taudis
Ceci expliquant cela.
L'or brille ici, la crasse pue là
Le diamant scintille ici, la tourbe fermente
  là
L'argent triomphe ici, la faim tue là
L'un meurt de trop manger
L'autre meurt faute d'avoir mangé
L'un creuse sa tombe avec ses dents
L'autre vit chaque jour dans un tombeau.
Les puissants volent
Les misérables laissent faire les puissants.

3

J'ai vu des innocents, des inconscients
Qui, devant leur tombe, au cimetière
Continuent à se mentir à eux-mêmes
Ils jouent avec des osselets
Ils se divertissent d'un rien
Ils se passionnent pour des jeux d'enfants
Ils veulent des honneurs
Ils veulent de l'argent
Ils veulent des richesses
Rien d'autre ne les intéresse.
Ils veulent des décorations
Ils tueraient père et mère pour un ruban
Ils trahiraient l'humanité pour un hochet
Ils vendraient leur âme pour un colifichet.
Vanités et sottises
Friponnerie et filouterie
Un peu de gloire
Une âme damnée pour obtenir la faveur de
leurs contemporains.

4

Tous nos gouvernants sont des Caligula.
Je n'en ai vu aucun se souciant de ses sujets
De son peuple
Tous trahissent leurs promesses
Tous promettent la lune
Tous se renient
Tous ont tué, tuent ou tueront pour asseoir leur pouvoir ridicule.
Après avoir tout fait pour parvenir au trône
Ils font tout pour y rester
Cabinets secrets
Éminences grises
Milices de l'ombre
Tueurs à gages
Cadavres dans le placard
Pendus dans l'arrière-chambre
Égorgés dans les caves
Le prince n'a pas assez de deux mains pour étouffer…

5

J'ai vu des philosophes
De loin
Sans jamais partager leurs tables
Car les philosophes me font rire plus encore que les autres
Mon maître, Lucien de Samosate, a déjà tout dit
La plupart donnent des leçons
Se voulant maîtres des autres sans être maîtres d'eux-mêmes !
Rire de tous ceux-là…
Rire avec les rieurs
Rire et rire encore de ce banquet misérable de philosophes ridicules…

6

J'ai vu des gens de Dieu
Plutôt gens de diable…

Des vendeurs de ciel se roulant dans les
bouges
Des cardinaux fascistes
Un pape laissant déporter les Juifs sous ses
fenêtres
Des ayatollahs donnant l'ordre de pendre
les femmes adultères
D'arracher la langue des menteurs
De couper la main des voleurs
De vitrioler le visage des femmes dévoilées
D'effacer leur maquillage au papier de verre
Des imams interdire le cerf-volant aux
enfants
Se réjouir de l'égorgement d'un journaliste
juif
Danser sur les ruines de Manhattan
Condamner à mort celui qui dit la vérité
Appeler à lyncher l'écrivain libre
Lancer une fatwa contre qui dit l'intolé-
rance de l'intolérant…

7

J'ai vu des mères abandonner leurs enfants
Des pères abandonner leurs enfants
Des parents abandonner leurs enfants
Des pères frapper leurs enfants
Des mères frapper leurs enfants
Des parents frapper leurs enfants
J'ai vu des enfants pleurer
J'ai pleuré d'avoir vu des enfants pleurer
J'ai vu des corps d'enfants battus, martyrisés
J'ai vu des traces de fouet, des brûlures sur des peaux d'enfant
J'ai vu ces parents-là célébrer la famille
Et ces enfants refaire une famille
Puis refaire dans leur famille ce que leur famille leur avait fait
J'ai vu ces parents sortir de la messe le dimanche
Ces enfants aller à la messe le dimanche
Tous parlaient d'amour du prochain…
Folie des hommes, folie des hommes…
Ils changent de famille

Mais refont les mêmes choses dans leurs nouvelles familles.

8

J'ai vu des amis trahir l'amitié
Bafouer la confiance
Livrer des secrets
Devenir des ennemis et s'épuiser dans la haine
Je les ai vus mettre autant d'ardeur à détruire
Qu'ils en mettaient la veille à construire
Aussi talentueux aujourd'hui dans l'inimitié et le mépris
Qu'hier dans l'affection et la tendresse
Aussi doués dans la calomnie et la méchanceté
Qu'hier dans la douceur et l'attachement.
Aujourd'hui ils envoient sous le tranchoir de la guillotine
La tête hier caressée avec délicatesse

Dans la sciure, ils l'empoignent par les
cheveux
Puis baisent la bouche de l'ancien ami.
Mort, ils peuvent alors l'aimer à nouveau…

9

J'ai vu des maîtresses hier pâmées dans le
satin
Vendre le cœur de leur amant pour de
nouveaux émois
Pour de nouvelles étreintes
Pour de pitoyables bibelots…

10

J'ai vu des femmes éconduites rédiger des
lettres anonymes
Menacer de mort cachées derrière l'ab-
sence de signature

Réveiller dans la nuit comme on sort le
condamné à mort du sommeil.
On n'entendait que la respiration de la
haine
Les battements d'un cœur mort
Que la mauvaise haleine du diable
Le mal tordait leur visage le lendemain,
dans la rue
Il suintait dans l'allure et la silhouette
Il empuantissait l'espace.

11

J'ai vu des envieux, en nombre
Des jaloux, en quantité
Des carcasses tordues par l'antipathie
Cuites dans le fiel du ressentiment
Carbonisées par les feux de l'amertume
Trop peu désireux de s'attarder sur leur vie
ratée
Ils s'évertuent à salir la vie réussie du voisin
Incapables de regarder leur médiocrité

Ils veulent la petitesse pour tous
Ainsi ils se croient grands…

12

J'ai vu des gens de justice injustes
Des magistrats corrompus
Des avocats changeant d'avis à la vue d'une bourse
Des tribunaux où la sentence était courue
Un prétoire pour la forme
Une plaidoirie pour rire
Des déguisements de corbeaux et d'hermine
Sérieux de ces pantins à mourir de rire…
Et, comme toujours, des jugements de cour blancs pour les puissants
Des jugements de cour noirs pour les misérables
Deux fois punis pour l'un
Toujours l'acquittement pour l'autre
Une ombre de potence
Une trace de crucifix

Des remugles de prison
Prime au menteur, au fourbe, au rusé
Prime aux amis…

13

J'ai vu d'anciens révolutionnaires
Construire vingt ans plus tard un monde pire que celui qu'ils voulaient détruire
Collaborer à de plus pitoyables sociétés
Se rouler de joie dans ce qu'ils compissaient jadis
Manger au banquet des puissants
Ripailler aux festins des petits-fils de leurs ennemis d'hier
Boire et s'ivrogner aux mêmes goulots des mêmes bouteilles
Coucher dans les mêmes lits
Honorer les mêmes femmes ayant beaucoup servi
Aux pères et aux grands-pères, aux arrière-grands-pères parfois.

Je les ai vus dire en plus qu'ils étaient restés intègres
Qu'ils n'avaient pas trahi
Que seuls les imbéciles ne changent pas d'avis
(L'idée signale à coup sûr les imbéciles).
Je les ai vus fiers d'eux
Crachant sur la petite poignée restée fidèle
Envoyant parfois dans les culs-de-basse-fosse les amis d'hier
Sûrs ainsi de n'avoir plus de témoins de leurs revirements…

14

J'ai vu un prêtre coucher avec un chien
Et ce chien coucher avec un roi.

15

J'ai vu un bossu demander qu'on lui touche la bosse
Un aveugle conduire un paralytique au bord de la falaise
J'ai vu un nain signer des livres qu'il n'avait pas écrits.

16

J'ai vu des riches pauvres parce qu'ils désiraient sans fin
Et des pauvres riches car ils ne désiraient pas plus que ce qu'ils pouvaient avoir.

17

J'ai vu à l'hôpital des médecins de Molière
Prenant leurs avis aux pendules

Lisant le diagnostic dans les astres
Disant une chose, puis son contraire
Tous soignant avec les sangsues d'aujourd'hui
Mélangeant bave de crapaud, sperme de bouc et pénis d'âne
Caressant la boule de cristal
Interrogeant la lune
Bafouillant le Grand et le Petit Albert,
Mais toujours pontifiant en blouse blanche
Tachée de sang, d'urine, d'excréments
Traînant derrière eux les membres qu'ils venaient de découper faute de savoir et de pouvoir les soigner.

18

J'ai vu, trop vu, les pompes funèbres
Leur air compassé
Leur allure faussement affectée
Leur componction affichée
Leurs vestes grises

Leurs pantalons gris
Leurs chemises grises
Leurs cravates grises
Leurs âmes grises
Leurs chairs grises
Leurs peaux grises
Leurs poches pleines d'or
De l'or arraché aux dents des morts.
Marchands de morts
Qui contraignent les pauvres à creuser la tombe de leurs pères avec leurs mains.

19

J'ai vu des notaires
Voleurs.
J'ai vu des assureurs
Voleurs.
J'ai vu des marchands de biens
Voleurs.
J'ai vu des huissiers
Voleurs.

J'ai vu des agents immobiliers
Voleurs.
J'ai vu des banquiers
Voleurs…

20

Voilà ce que j'ai vu…
Des soldats, des mercenaires, des militaires, des guerriers
Et des pendus, des écorchés, des villes rasées, des terres brûlées
Des riches mangeant la chair des pauvres
Des puissants se gorgeant du sang des misérables
Des princes et des rois exploitant leurs sujets
Des philosophes loin de la sagesse
Des gens de Dieu plutôt gens de Diable
Des parents dépeçant leurs enfants
L'ami trahissant l'ami
Des maîtresses vendant le cœur de leurs amants

Des femmes éconduites se vidant de leur bile
Des envieux, des jaloux racornis par la haine
Des gens de justice injustes
Des critiques sans talents
D'anciens révolutionnaires passés à l'ennemi
Des fils incestueux
Des croque-mort riches de leur détroussage légal
Des notaires, des assureurs, des marchands de bien, des huissiers, des banquiers plus voleurs que le dernier des voleurs…
Voilà ce que j'ai vu
Et je n'ai plus envie de voir ça…

2

Traité des consolations

(Démocrite) s'était aménagé une maisonnette dans le jardin autour de la maison et s'y enfermait.

Diogène Laërce,
Vie, opinions et sentences des philosophes illustres.

1

Je quitte donc le monde en restant dans ce
monde
Je recours aux forêts
Je vais dans ma cabane, au fond de mon
jardin
Car je sais pouvoir y trouver de meilleures
compagnies que celle des hommes.
J'y vais pour y vivre en paix avec moi-
même
Donc avec le monde
Avec mes ruches
Mes fleurs
Le ciel au-dessus de ma tête, la voûte étoilée
la nuit
Le terre sous mes pieds
La rivière qui coule en contrebas de mon

jardin.
J'irai y voir les poissons lutter mollement contre le courant
Dès l'aube, j'irai regarder sa couleur sur les reflets de l'eau.

2

Je veux vivre avec le chant des pigeons sur le toit à côté
Avec le cri des hirondelles revenues
Avec le chant des grenouilles
Celui des crapauds, la nuit.

3

Je veux entendre le vent dans les tilleuls la fenêtre ouverte en été
Sentir le parfum séminal de ses fleurs.

4

Je veux sentir le soleil sur ma peau, la lumière dans mon âme.

5

Je veux la brise et la bise, la pluie et l'ondée, la brume et le brouillard sur mon visage.

6

Je veux sentir la terre
Son odeur après l'orage
Son parfum de tombe à venir.

7

Je veux voir passer le renard
Fourrure de feu, queue en panache, œil de braises nocturnes.

8

Je veux entendre passer le hérisson dans le feuillage
Pour le friselis des feuilles mortes sous son ventre.

9

Je veux voir l'élégance du chat sur le haut de mon mur
Danse d'un dieu indien, mystère de fauve miniature.

10

Je veux le rouge-gorge et le pétale
L'épine et le brin d'herbe
L'humus et la foudre
Le miel et le houblon
La noisette et la lavande.

11

Je veux retrouver le goût des mûres des chemins de mon enfance
Écraser des fraises dans ma bouche
Avaler le jus des framboises et le sentir descendre chaud dans ma gorge
Respirer la fleur de sureau
Mâcher le brin d'herbe
Mettre le bouton-d'or sous le menton d'une femme en robe d'été
Lui apprendre à faire des poupées avec des coquelicots

Manger des groseilles
S'arracher la peau aux épines des groseilles à maquereau
Cueillir des noisettes
Croquer dans le ventre d'une pomme
Augmenter ma salive avec son jus
Devenir moi-même pomme puis pommier
M'allonger dans l'herbe
Voir le ciel derrière la danse des brins
Cligner des yeux et les fermer à cause de la clarté du soleil
M'endormir le dos épousant la terre de mon destin.

12

Je veux voir à nouveau des couleuvres et des vipères
Je veux voir l'orvet de mon enfance
Vérifier l'effet froid de l'acier qui ondule sans queue ni tête
M'amuser à distinguer le triangle et son venin,

Une machine faite pour mordre et inciser
la chair,
De la tête d'olive d'une couleuvre dont le
corps n'en finit pas
Animaux du Paradis d'avant la fin du
Paradis.

Bêtes à sorcières
Quand je découvrais trois ou quatre têtes
tranchées baignant dans leur sang sur le
caillou d'un chemin
Têtes sans corps
Corps enroulés dans un papier journal
Peaux levées comme un filet de poisson
Puis mastiquées pour le sabbat.

Bêtes à magie quand mon père m'appre-
nait qu'elles grimpaient
sur les jambes des vaches
Puis venaient téter leurs pis.

Bêtes à mystère quand on les retrouvait
dans la cime des arbres.

Bêtes à effroi

Quand elles s'enfuyaient, apeurées, dans les fourrés, les taillis, à l'ombre des haies
Et qu'elles avaient plus peur que l'enfant dans les jambes duquel elles partaient.

Bêtes à religion quand elles disaient le Diable
Alors qu'elles sont les antiques messagères des entrailles de la terre.

Bêtes à philosophie quand elles expriment la nécessité d'avancer au plus près de la terre
Au contact avec elle par le ventre.

Bêtes à fantasmes quand elles baignent dans un bocal d'eau de vie
Sur le manteau de la cheminée
Et que l'eau de feu sert ensuite à guérir de tout.

Bêtes de sexe quand elles se faufilent sous l'herbe
À deux doigts des amants qui font la bête à deux dos dans un champ

Et qu'elles rappellent le péché originel
Puis l'acte sexuel.

13

Je veux le bruit des élytres
Le vrombissement des kératines
Le souffle de soie des ailes des mouches
Interminable mélodie répétitive
Infatigables danseuses dans les rais de lumière.
Elles épousent la densité d'un rayon de particules de soleil.
Musique de l'été des grandes vacances de l'âme
Zigzag zézayant.
Lourds frelons
Encore plus lourds hannetons
Vibrations des grillons sortis de la terre avec un brin d'herbe
Appels du mâle à la femelle, de la femelle au mâle

Simulacres de sexe dans l'air
Atomes génitaux et génétiques
Le tout copule à tout rompre
Dans un bruit infernal
Que seule entend l'oreille d'enfant...

14

Je veux de ma cabane entendre le bruit de l'eau la nuit
Clapotis, petit roulis,
Cascades minuscules faites par une branche accrochée à une pierre
Floc d'un saut de truite gobant le moustique
Quatre mesures brèves avec les pattes d'une poule d'eau qui s'envole
Et raye la surface de la rivière.
À nouveau la vie d'un poisson qui saute et la mort d'une mouche avalée
Coassements des grenouilles
Rires flûtés des crapauds.

15

Je veux entendre l'eau tomber sur l'eau
La pluie trouant la peau de la rivière
L'eau du ciel se mêlant à l'eau de la terre
Pour une eau rêveuse, une eau dormante,
une eau douce.

16

Je veux l'eau sur les toits, sur les tuiles
Roulant, ruisselant sur le chapeau de terre
cuite de la maison.

17

Je veux l'éclair des nuits lourdes de l'été
Le souffle court à cause de l'orage qui
s'annonce.

L'odeur d'ozone
L'électricité dans le corps, le cœur et l'âme
Le silence des animaux avant le craquement, le grondement
Les racines de feu dans la terre du ciel
La nuit succombe sous les assauts de la foudre
La clarté luit comme en plein jour, mais la nuit,
Retour à l'obscurité.
L'enfant compte mentalement la distance de l'orage
Il est au-dessus de la tête
La terre semble s'ouvrir
C'est le ciel qui se fend
L'éclair, le fracas, l'incandescence simultanée
La foudre est tombée pas loin
Le corps nu, sur les draps, ruisselle
Bruits dans le ciel :
« Le Bon Dieu roule des tonneaux »
Jus de cosmos sur l'herbe des champs
Pointe de flèche ou de sagaie dans la terre après l'impact
L'eau tombe comme au jour du déluge
Sur le drap l'âme flotte au-dessus des eaux.

18

Je veux les fleurs
Leur cœur qui est un sexe
Leur sexe qui est un cœur
Velouté des pétales
Plis voluptueux des corolles
Replis et déplis des velours
Enchevêtrements de lèvres peau de pêche
Je veux leurs parfums
Onctueux et doux
Capiteux et entêtants
Violents et forts
Changeants sous la pluie ou sous le soleil
Modulés par l'ombre ou la lumière
Odeurs de sexe portées par le vent
Pollens amenés par les abeilles aux ventres chargés de poudre
Mon nez complice de ces copulations florales effectuées dans le vent
Vieilles roses aux effluves fortes comme le musc des bêtes
Lavandes aux parfums bleus

Glycines coulant en grappes de lumières odorantes
La nature est un immense poème de fragrances
Ces parfums conduisant tout droit à l'enfance
Odeurs d'été et de grandes vacances
De printemps et de montée des sèves
D'automne et de craquement des feuilles mortes, sèches
D'hiver gelé.

19

Je veux me remplir les poumons de l'air dansant
De l'air lourd et pesant
L'air fragile comme du verre
L'air des jours et des nuits
Des saisons
Et des saisons de ma vie.
Moiteurs épaisses des après-midi d'août

L'air soutient alors les insectes qui vrombissent pour le rut
Chaque atome de l'atmosphère porte un simulacre comme un fantôme
Traces et pistes pour mener le mâle à la femelle
Puis à la mort après les naissances.
La nuit, l'air rafraîchi se tache de papillons noctambules
Ailes poudrées de blanc, de marron
De gros yeux sur la voilure de poussière.
Au zénith, on entend brûler la nature, calcinée
Le soir, à la fraîche, le sec laisse la place à l'humide
Les insectes s'agglutinent autour de la flamme d'une chandelle
Plus près de la flamme, au bord du désir, l'un ou l'autre se consume
Odeur de crémation sous la lune.

20

Je veux retrouver la lune de mon enfance
Lune posée sur le clocher comme un point sur un « i »
De la fenêtre de mes insomnies elle annonçait d'autres mondes
Un point de vue pour voir mon point de vue.
Quartiers, croissants, lune montante, lune descendante
J'imaginais l'effet sur les plantes
La magie des sèves excitées ou contenues
Le sperme des bêtes en mouvement
L'utérus des femelles en transe
Les mouvements des uns vers les autres dirigés par l'astre
L'obéissance aveugle des animaux
La nôtre donc…
Au vouloir de ce rond brillant d'une étrange lumière blanche
Tout devenait pantin et marionnette
Avec pour unique mouvement *l'attraction*.
Lune à peine vieillie se riant de mes ans accumulés…

21

Je veux prendre le temps de regarder longuement l'étoile polaire
Celle que mon père me montrait du doigt sur le devant de la porte
Il me racontait :
« Grande Ourse », « Petite Ourse », « Grand Chariot », « Petit Chariot »
Première levée, dernière couchée
Seule dans le firmament
Indéfectiblement cap au nord
Elle, c'était Lui.
Des trous dans la coupole noire du ciel
Des lumignons dessinant des figures
Un bal permanent, avec les astres comme lampions
Les soirs de ciel racontés par mon père étaient toujours des soirs de fête
La tête levée dans les étoiles, on y voyait le temps de demain
Puis d'après demain
De la pluie à cause du halo entourant la lune

Du beau et grand soleil pour la qualité limpide de l'azur noir
De la neige, et ses promesses de rires et de cris
De mains gelées, de doigts rouges et gourds
De sapins, de cadeaux…
Au-dessus de ma tête, souvent, je sais le ciel vide de Dieu
Mais plein d'étoiles
Et, parmi toutes, la seule, l'unique
Le magnétisme indéfectible d'une boussole pour Être…

22

Je veux prendre le temps des nuages
[illegible] à leurs mousses, à leurs
[illegible]tés
Rentrer [illegible] de leurs ventres
Dans le duvet de leur esprit
Dans la chair de vapeur de leur âme
Flotter sur eux
Y accrocher mon vagabondage

M'y reposer des hommes.
Je veux calculer leurs courses, poussés par le vent
Y guetter le secret du temps à venir
Chercher dans les filasses
Scruter dans leurs panses parfois grises
Me perdre dans la forme de l'un d'entre eux
Solitaire dans un azur insolent
Savoir, déniaisé, qu'on n'y trouve ni les anges
Ni les dieux, ni Dieu
Mais l'haleine des fleurs parties vers les étoiles.

23

Je veux prendre le temps de planter un arbre, au moins
De le regarder grandir
De le voir pousser par ma fenêtre
De le savoir dans l'ombre d'un grand chêne jadis planté par un ancêtre

Un arbre pour y lire les saisons
Comme avec un calendrier naturel et perpétuel
Bourgeons collant aux doigts des enfants
Poils et duvets sur un miel parfumé
Suc végétal d'une âme animale.
Les feuilles enroulées, lovées, pliées
Puis lentement dépliées, déployées
Fripées, blanches au-dessous,
Vertes en surface
Aspirant l'oxygène du monde
Découpant dans l'air des silhouettes dentelées
Lancéolées.
Brindilles d'abord, ramures ensuite, fortes branches enfin
Sa forme apparaîtra un jour dans l'espace
Ronde et ventrue pour un tilleul
Dirigée vers le ciel comme une lance pour un if
Buissonnant, rouge, pour un noisetier
La superposition des accents circonflexes du sapin
Peu importe…

24

J'aimerais un chêne pour en débiter les planches
Les entreposer sous un hangar en bois
Laisser sécher
Attendre l'âme et voir durcir les lattes blondes
Épuiser la sève
L'entendre parfois craquer, la nuit, après une journée de soleil ardent
Savoir qu'il vit encore
Et enseigner à l'ami qu'il faudra, avec ces planches,
Me fabriquer un cercueil.

Alors je retrouverais la terre de mon village natal
J'irai reposer dans le cimetière où j'allais jouer enfant
Dans le jardin où déjà reposent des âmes qui avaient le même nom que moi.

Posé en terre, je retournerai à la terre.

Les hommes continueront à s'étriper, à s'éviscérer
Moi, du moins, j'aurais vécu.

J'aurais aimé la terre avant de me coucher en elle
Avant qu'on me recouvre d'elle.

J'aurais traversé la vie comme une comète dans un ciel d'un noir d'encre.

J'aurais ouvert les flots devant moi
Qui se seront refermés derrière
Effaçant jusqu'à la trace de mon passage
La terre où je me décomposerai conservera cette force-là
Qui repartira ailleurs
Féconder l'âme d'un arbre qui recevra la pluie, le vent, le soleil et la foudre…

Posé en terre, je retournerai à la terre.

Atomes libérés d'une forme qui avait mon nom
Particules reparties vers d'autres aventures
La Sérénité triomphera.

Postface en forme de préface

Côté pile, *Le Recours aux forêts* renvoie à l'Islande et à une tradition juridique médiévale que je préciserai plus loin ; côté face, il s'enracine dans la terre normande du jardin de ma maison, dans mon village natal, à Chambois, celui de ma famille enracinée dans cet humus depuis dix siècles. Parfum de terre généalogique non loin du cercle polaire et odeur de glèbe génésique dont je viens et vers laquelle je me dirige pour m'y fondre un jour avant dispersion dans le cosmos bruissant de poussières mortes. Mélange de fragrances telluriques à l'intersection d'un lignage et d'un destin, au croisement d'un nom propre, je suis cette promesse de poussières mortes…

Ces pages relèvent d'une maïeutique. Sans le maître accoucheur, elles n'auraient jamais vu le jour. Car il me faut un démiurge pour aller chercher en moi ce que je ne possède pas. Jadis, il y eut Éric Tanguy, un ami compositeur, qui me demanda un livret d'opéra. Sans son intercession, je ne me serais jamais lancé dans l'aventure de cette écriture de contrepoint magnifique avec sa musique. J'écrivis alors « Le libertin foudroyé » – qui, poussières vives, repose dans le silence d'un carton.

Plus tard, un metteur en scène construisit un dispositif simple, sinon simpliste, pour donner à l'un de mes textes auquel je tiens le plus, « Le corps de mon père », l'opportunité d'une représentation sur la scène d'un théâtre au festival d'Avignon. Ému par les larmes qui coulaient sur quelques visages une fois les lumières rallumées, bouleversé par la puissance magique du théâtre, stupéfait par la force d'un texte transfiguré par sa déclamation alors qu'il avait été écrit pour la méditation secrète, discrète, silencieuse, je confessais au metteur en scène mon incapacité à le remercier d'une façon digne de ce nom.

Il me dit qu'il y avait une solution – et m'invita à lui écrire une pièce de théâtre... De la même façon que, sollicité pour un livret d'opéra, j'avais rédigé un texte dont je me croyais incapable – parce qu'en dehors de mes talents et de mes soucis –, je décidais de m'y atteler bien que n'étant pas dramaturge et ignorant tout de ce type d'écriture. Je pensai à un sujet que je lui soumis – avant qu'il ne raille le principe même du sujet de cette pièce que j'écrivis tout de même. Elle se nomme *Le Songe d'Eichmann* et vit sa vie sur le papier[1].

Troisième sollicitation : celle de Jean Lambert-wild qui préside aux destinées de la Comédie de Caen. Jean Lambert-wild est romain, il ne sait pas que la Bible existe, ne le lui dites pas car *Les Vies parallèles* de Plutarque constituent ses Évangiles au quotidien... L'homme est stoïcien et revendique le mot en contemporain avisé de

1. *Le Songe d'Eichmann*, Galilée, 2008.

Sénèque… ; il aime la virilité romaine qui définit l'art facile et difficile à la fois d'être un homme – ce qui vaut aussi pour les femmes, bien sûr… ; il comprend ce que signifie la grandeur républicaine, celle des braves qui ne craignent pas de mourir pour des idées ; il sympathise avec le philosophe qui enseigne d'une voix sans tremblement la nécessité de quitter la vie comme on sort d'une pièce enfumée. Voilà pourquoi, hors de son temps, il se meut comme un poisson dans l'eau dans l'univers de la BD dont il semble un héros. Il parle d'ailleurs avec un verbe taillé dans le marbre d'un phylactère.

Lui le stoïcien souhaitait que moi l'épicurien je réponde à une commande que je n'ai toujours pas comprise… C'est le charme de Jean. D'abord, nous aurions dû partir un mois aux États-Unis. Nous nous connaissions à peine et il me proposait (horreur !), trente et un jours dans l'habitacle d'un camping-car américain à manger du bitume en écoutant de la musique folk avec cinq ou six de ses amis que je ne connaissais pas. Il m'assurait qu'on pouvait passer une journée à rouler deux mille kilomètres avec le même paysage derrière la vitre : il était ravi de cette perspective, j'en étais désespéré... Il disait que les idées viennent ainsi ; pour ma part, elles me courent après et je craignais que le camping-car ne m'éloigne d'elles...

Le sujet, car il y avait tout de même un sujet, c'était un voyage vers les communautés utopiques fouriéristes du XIXe siècle. Il souhaitait que nous partions en pèlerinage intellectuel (j'adore ces voyages plus que tout, vraiment...) pour retrouver ce qu'il avait déjà découvert lors de précédents voyages : un petit cimetière coincé entre un motel et une station-service dans lequel quelques squelettes de fadas socialistes retournaient à la poussière sous le soleil de plomb de contrées dont raffolent les serpents et les cactus. *Victor Considérant au Texas.* Voilà qui ressemblait à un album d'Hergé ! Pourquoi pas... J'aime bien ce genre de fous – je veux dire : les fouriéristes.

Mais je sais aussi que ces communautés utopiques américaines drainaient jadis une quantité de délinquants relationnels : des hystériques, des militants, des fainéants, des illuminés, des crétins, des doctrinaires, des voleurs, des repris de justice, des curieux, des fous, des marginaux sans boussoles, des gens qui cherchent le centre d'eux-mêmes à côté d'eux, la quintessence des hommes du ressentiment qui constitue si souvent les révolutionnaires en quête d'incendies planétaires…

Dans ce cimetière reposent des hommes et des femmes qui rêvaient d'une humanité transfigurée et qui se sont retrouvés à se tirer de la chevrotine de parcelle à parcelle au nom de préoccupations très petites bourgeoises : un arpent volé sur le champ du voisin, une partenaire commune qu'on ne veut plus prêter, un roi du farniente profiteur du travail d'un stakhanoviste avant l'heure, un communiste zélé qui garde tout pour lui… Réactiver l'utopie dans un cimetière avec des héros dont la seule réussite avait été l'échec me semblait un impossible défi. Nous avions déplié sur une grande table une carte des États-Unis, ouvert une monumentale biographie en anglais de Victor Considérant, nous refaisions le monde et, titillé par la raison raisonnable et raisonnante, je sentais le tropisme de l'échec des fouriéristes nous guetter au coin du bois…

Un ami nous sauva : agrégé de philosophie, incollable sur tous les sujets afférents, jadis auteur d'un cd-rom sur l'*Éthique* de Spinoza ayant obtenu la bénédiction de Deleuze, lecteur de toute la littérature philosophique de l'Antiquité à nos jours, excellent connaisseur de la pensée contemporaine, auteur d'une thèse sur Jean Wahl, il devait filmer l'aventure pour réaliser un journal de l'équipée. Du haut d'un toit sur lequel il était monté pour aider des amis à bricoler, il fit la chute qui devint le péché originel de notre création. Hospitalisé, sérieusement amoché, il n'était plus question de camping-car sans notre cinéaste moulé dans le plâtre et immobilisé dans un hôpital breton…

Vint alors un autre désir d'Amérique. *Exit* Considérant et salut les fouriéristes !

Puisqu'il s'agissait d'États-Unis, et que nous partions avec l'étendard normand des deux léopards, je proposais que nous nous occupions un peu de Tocqueville. Car dans nos contrées, l'Alexis agit en figure de proue de la pensée bas-normande. Aux temps bénis de la guerre froide, Raymond Aron et les siens firent de l'auteur du fameux *De la démocratie en Amérique* une machine de guerre à lancer dans les jambes de Marx et de ses thuriféraires… Une idéologie antimarxiste, de droite, voilà qui réjouit depuis longtemps le cœur des édiles conservatrices de Basse-Normandie, droite et gauche confondues.

Des édiles bas-normandes… et de B.-H. L. qui écrivit, chacun s'en souvient, un inoubliable *American Vertigo* qui, dans les pas du député de la Manche, Valognes pour être précis, permit à l'ancien Nouveau Philosophe de dire du bien des banquiers, du dollar, des stars du show biz, des acteurs de cinéma, des marchands, des journalistes, du commerce, de Wall Street, du libéralisme, des politiciens en vue, des icônes médiatiques, des présentateurs télé vedettes et autres douceurs qui contribuent à la beauté de ce si beau pays qui aime à ce point la liberté qu'il en a fait une statue – avec l'aide d'un sculpteur français...

Pour ma part, je proposais un anti-Tocqueville. Certes, on repartait sur les traces du vicomte, mais pour un contre-voyage afin de raconter une autre Amérique. Celle qu'on peut aimer : les transcendantalistes et leur pensée du cosmos, les philosophes américains, Emerson et Thoreau, Walden et les Indiens, les bûcherons et les chemineaux, les lacs et les déserts, les tornades et les canyons, Burroughs, pas le poète de la Beat Generation, encore que, mais l'auteur de *Construire sa maison*, Aldo Léopold, l'homme de l'*Almanach d'un comté des sables* qui voulait « penser comme une montagne » et autres Américains en marge. Mais, carte sous les yeux, Jean et ses acolytes connaissaient bien le territoire : les fous qui nous intéressaient se trouvaient disséminés partout ailleurs que sur le trajet du héros de Raymond Aron... À notre tour de tomber du toit. Décidément, l'Amérique n'était pas le lieu de l'utopie…

Lors d'une réunion de travail, je ne sais ce qui nous conduisit vers un autre espace. Jean faisait l'éloge – assez peu stoïcien, convenons-en… – du rêve, de la magie, des elfes, du mystère, du prodige, des sorciers, des chamanes, des magiciens… Mon cerveau cartésien, du moins plus cartésien que le sien, ce qui n'exige pas un grand effort, me fit songer à l'Islande. Je lui dis que nous devrions tourner le dos à l'Amérique et retrouver les sources du monde dans la perspective d'un nouveau monde : l'Islande, pays du feu et de la glace, des lacs et des geysers, des volcans et des glaciers, des ciels et des feux, des aurores boréales et des nuits blanches… Sensible au « hasard objectif » d'André Breton, Jean à qui l'on venait d'offrir un livre sur cette île sublime y vit un signe : c'est là, en Islande, qu'il fallait aller. Le camping-car s'éloignait, les serpents et les cactus aussi. Décision fut prise d'un voyage là-bas – qu'un problème de santé près de moi m'interdit finalement.

Célébrer l'utopie me paraissait moins l'affaire d'une commémoration des utopistes de « La Réunion » – le nom de la communauté fouriériste – que d'une apologie du principe utopique. J'aime l'utopie quand elle est projet non encore réalisé, mais projet exigeant et réalisable ; en revanche, l'éloge d'une utopie que je dirai kantienne, d'un principe de la raison pure, me paraît la meilleure garantie qu'au nom de cet horizon impossible qui réactive l'eschatologie et le messianisme religieux, on légitime de nouvelles croisades, des inquisitions inédites ou des camps nouveaux. L'utopie d'une société sans classes, sans exploitation, sans misère, sans pauvreté, sans méchanceté, sans négativité, sans *mal*, pour le dire avec un mot qui résume tout, est une dangereuse vue de l'esprit. Le retour de cette utopie dans les cerveaux de quelques cerveaux d'enfants adultes ne me dit rien qui vaille... À rebours de cette vision irénique et naïve qui fit le bonheur du XIXe siècle, et de ces fameuses communautés, puis le malheur du XXe et des sociétés issues de ces religions politiques magiques, il me semble qu'il faut aller à la source de l'utopie qui est, radicalement, *possibilité d'un monde*.

Donc l'Islande. Car cette terre où la nature compte plus que les hommes par sa démesure génère le sublime au sens esthétique du terme : la grandeur des spectacles naturels, la magnificence du théâtre des éléments, la prodigalité des eaux, la somptuosité des feux, la magie tellurique, la puissance des énergies venues du cœur de la terre, la force des magmas en fusion, l'immensité des nuits sans obscurité, tout rapetisse l'humain, le ramène à de ridicules mais sages dimensions.

Dans ce lieu, l'écologie véritable devient sagesse universelle : non pas l'écologie mondaine, urbaine, l'écologie morale, l'écologie devenue religion d'après les religions, mais la philosophie d'un rapport virgilien à la nature, d'une relation postchrétienne, parce que préchrétienne, en vertu de laquelle l'homme n'est pas, n'est plus, sommet et couronnement de la nature, maître et possesseur d'icelle, mais partie infime, moment imperceptible d'un immense mouvement, fragment du grand tout. Ce qui le réinstalle à sa juste et véritable place – autrement dit : celle d'un épiphénomène…

Célébrons donc cette sagesse païenne, virgilienne, tellurique, naturelle, écologique, *écosophique*. En remède aux misères du monde, je sentais donc cette terre comme une réponse à une question fort obscurément posée, du moins existentiellement vécue : que faire ? Début de solution, ébauche de résolution : le nord, le tutoiement du cercle polaire, les contrées hyperboréennes qui fascinent mon philosophe de prédilection… Pindare parlait du peuple mythique qui habitait cette géographie mystérieuse par-delà Borée, dans une région perpétuellement éclairée par le soleil. Les hyperboréens vivent dans la paix et la félicité. Leur protecteur, Apollon, se retire en leur compagnie pour passer l'hiver. Au début de *L'Antéchrist*, Nietzsche écrit : « Plutôt vivre parmi les glaces qu'au milieu de vertus modernes »…

Le Nord est l'autre face de ma fascination pour le solaire. Mon nom de famille, l'étymologie témoigne, assure d'une ascendance scandinave, probablement danoise, et d'une présence de mille ans dans les terres normandes jusqu'à aujourd'hui. Il y a mille ans, Argentan, la ville que j'habite encore, était une vicomté possédée par Onfroi le Danois. Des Onfroi accompagnaient Guillaume le Conquérant à la bataille d'Hastings. D'autres à la conquête de la Sicile. L'un d'entre eux fit même de Léon IX, le pape d'alors, un prisonnier qui, terrorisé, survécut un mois à sa libération. Chambois, le village de mon enfance, est une terre hyperboréenne, le lieu phénoménal du monde nouménal qui a pour nom Islande. C'est une terre d'ancêtres, c'est donc un humus de tombe idéal. Ce texte dit ce désir de sépulture cosmique.

Le voyage en Islande ne se fit donc pas. Je lus les sagas dans lesquelles je retrouvais la trace de cette tradition du *recours aux forêts*. La loi islandaise réservait la peine de mort à des crimes inexpiables – autrement dit très rarement. Pour les infractions, elle prévoyait trois sentences : les amendes ; le bannissement, l'exil pendant trois ans dans un autre pays, chaque lieu d'exil devant être séparé par une journée de marche et changé chaque année – pendant ce temps, le condamné était intouchable ; puis la proscription, qui interdit toute habitation, sinon dans la forêt où n'importe qui rencontrant le criminel peut le mettre à mort en toute impunité. Quiconque aide le proscrit est sévèrement puni.

Ces forêts islandaises font couler l'encre des spécialistes. Existait-il à cette époque des « forêts » à proprement parler ? Ou nomme-t-on ainsi des régions fort boisées, comme dans le Haukadalr, où les arbres peuvent être nombreux, certes, mais pas bien hauts à cause du vent qui bat l'île en toute saison ? À l'évidence, il faut éviter de penser en regard de la forêt noire germanique, réservoir fabuleux des mythes que nous savons. La démesure importe peu, ni même la forme exacte de ces bois : il suffit d'entendre cet espace forestier comme un espace ontologique – c'est dans cette acception, bien sûr, qu'ici on *recourt aux forêts*…

Le temps d'écriture de ce texte se fit donc dans le vent mauvais de la maladie qui me retenait dans mon hyperborée natale, enraciné dans le phénomène, empêché d'expérimenter alors corporellement ce noumène dont le mystère reste entier. Pour tâcher de conjurer un peu ma peine, je lisais Ronsard et son *Discours des misères de ce temps* dans lequel on trouve ceci : « Les hommes volontiers / sont toujours de nature imparfaits et fautiers. » « Fautiers », en effet… Et puis Whitman et ses magnifiques *Feuilles d'herbe* dont j'aimais l'éloge roboratif de la vie, de la force, de la puissance, de la vitalité – de la nature.

Ce texte se trouve donc écrit sous le double signe de la *mort* et du *dionysisme*, de Ronsard et de Whitman, de la « Permanence de l'apocalypse » et du « Traité des consolations », de l'histoire et de l'hédonisme, du mal et d'un antidote possible. Le sous-titre, « La tentation de Démocrite », inscrit l'ensemble sous le signe de ce philosophe, figure du matérialisme radical qui, après avoir beaucoup voyagé, connu le succès (au point que Platon l'idéaliste voulut organiser un autodafé définitif de ses livres), sondé la profondeur maligne de l'âme humaine, expérimenté l'étendue de la méchanceté du monde, se fit construire une petite maison au fond de son jardin pour y vivre le restant de ses jours. Cette tentation de Démocrite repose dans mon âme comme une variation possible sur l'art stoïcien de sortir d'une pièce enfumée.

Ce texte a été l'objet d'une commande d'écriture de la Comédie de Caen-Centre Dramatique National de Normandie.

Il est créé en novembre 2009 à la Comédie de Caen, Théâtre d'Hérouville, dans le cadre du Festival Les Boréales.

*

Un spectacle de Jean Lambert-wild, Jean-Luc Therminarias, Michel Onfray, Carolyn Carlson, François Royet

Avec Fargass Assandé, Elsa Hourcade, Juha-Pekka Marsalo, Jean-François Oliver, Stéphane Pelliccia, Laure Wolf

Direction : Jean Lambert-wild
Musique : Jean-Luc Therminarias
Texte : Michel Onfray
Chorégraphie : Carolyn Carlson
Images : François Royet
Pictoglyphe : Mark Alsterlind

Mnémographe : Aurélia Marin
Lumières : Renaud Lagier
Tissures : Françoise Luro
Direction technique : Claire Seguin

Son : Christophe Farion
Programmation : Léopold Frey
Régie vidéo : Quentin Descourtis

Décor et costumes réalisés par les ateliers de la Comédie de Caen sous la direction de Benoît Gondouin
Constructeurs : Bruno Banchereau, Patrick Demière, Pierre-Amaury Hervieu, Hubert Rufin, Serge Tarral
Réalisation des costumes : Antoinette Magny

Table

DANS LA MÊME COLLECTION

Jacques Derrida
Passions

Jacques Derrida
Sauf le nom

Jacques Derrida
Khôra

Jacques Derrida
Mal d'Archive

Philippe Bonnefis
Parfums
Son nom de Bel-Ami

Jean Baudrillard
Fragments
Cool Memories III

Jacques Derrida
Apories

Denis Hollier
Épreuves d'artiste

Jacques Derrida
Le Monolinguisme de l'autre

Jacques Derrida
Cosmopolites de tous les pays, encore un effort !

Philippe Bonnefis
Céline
Le rappel des oiseaux

Jacques Derrida
Adieu à Emmanuel Lévinas

Jacques Derrida
Demeure
Maurice Blanchot

Jean-François Lyotard
Chambre sourde

Jacques Rancière
La Chair des mots

Jean-François Lyotard
La Confession d'Augustin

Hélène Cixous
Jacques Derrida
Voiles

Philippe Bonnefis
Giono
Le petit pan de mur bleu

Jacques Derrida
Donner la mort

René Major
Au commencement
La vie la mort

Yves Peyré
À hauteur d'oubli

Jacques Derrida
Le Toucher, Jean-Luc Nancy

Jean-Luc Nancy
Le Regard du portrait

Jacques Derrida
Safaa Fathy
Tourner les mots
Au bord d'un film

Jean Baudrillard
Cool Memories IV

Jean-François Lyotard
Misère de la philosophie

Jacques Derrida
États d'âme
de la psychanalyse

Philippe Bonnefis
Pascal Quignard
Son nom seul

Jean-Luc Nancy
L'« il y a » du rapport sexuel

Jacques Derrida
L'Université sans condition

Bernard Stiegler
Passer à l'acte

Bernard Stiegler
De la misère symbolique
1. L'époque hyperindustrielle

Jean Clair
De immundo
Apophatisme et apocatastase
dans l'art d'aujourd'hui

Jean Baudrillard
Cool Memories V

Bernard Stiegler
De la misère symbolique
2. La catastrophè du sensible

Jacques Monory
Angèle

Mathilde Monnier
Jean-Luc Nancy
Allitérations
Conversations sur la danse

Ginette Michaud
Tenir au secret
(Derrida, Blanchot)

André Gorz
Lettre à D.
Histoire d'un amour

Michel Lagrange
Les Morts
de Sébastien Danger

Sophie Nauleau
La Main d'oublies

Michel Onfray
L'Innocence du devenir
La vie de Frédéric Nietzsche

Yves Bonnefoy
Le Grand Espace

Michel Onfray
Le Recours aux forêts
La tentation de Démocrite

CET OUVRAGE A ÉTÉ
ACHEVÉ D'IMPRIMER POUR LE
COMPTE DES ÉDITIONS GALILÉE
PAR L'IMPRIMERIE FLOCH
À MAYENNE EN DÉCEMBRE 2009.
NUMÉRO D'IMPRESSION : 75475.
DÉPÔT LÉGAL : SEPTEMBRE 2009.
NUMÉRO D'ÉDITION : 925.

Code Sodis : S 20 881 2

Imprimé en France